알기 쉽게 통으로 읽는
한국사

[워크북] **3** 조선 전기

시공주니어

워크북, 이렇게 활용하세요

조선 전기의 역사에 대해 많이 배웠나요? 이제 배운 내용을 정리하고 깊이 생각해 보면서 한국사 지식을 단단하게 다지는 시간을 가져 봅시다. 〈알기 쉽게 통으로 읽는 한국사 워크북〉은 각 장별로 3가지 활동을 하도록 되어 있습니다. 어떤 활동이 있는지 살펴볼까요?

역사적 사실을 정리해 보자!

배운 내용을 일목요연하게 정리하고 기억하는 단계입니다. 각 장의 주요 내용을 요약한 글을 읽으며 괄호 안에 알맞은 말을 〈보기〉에서 골라 채워 넣습니다. 책을 잘 읽었는지 스스로 점검하면서, 혹시 놓쳤던 부분이 있다면 여기서 확실히 기억하고 내 것으로 다질 수 있습니다.

역사를 깊이 알고 이해하자!

배운 내용을 제대로 이해함으로써 역사적 사실을 분석하고 그 의미를 해석하는 능력을 기르는 단계입니다. 각 장에 등장한 특정 사건 또는 사실이 제시되고, 이를 통해 미루어 알 수 있는 사실이나 그러한 일이 일어난 이유 또는 배경을 적어 봅니다. 책을 잘 읽었다면 충분히 풀 수 있는 문제입니다.

역사 지식을 바탕으로 논술 실력을 기르자!

우리 역사에 대한 나름의 비판적 시각을 갖고, 이를 논리적으로 표현하는 능력을 기르는 단계입니다. 제시된 역사적 사실을 읽고 자신의 생각을 말해 보는 활동으로, 정해진 답은 없는 문제입니다. 여러분의 의견, 판단, 입장 등을 묻는 문제에 답하면서 역사를 바라보는 깊은 안목과 논리적 사고력을 기를 수 있습니다.

1장
새 나라 조선, 나라의 기틀을 다지다

태조 이성계가 세운 새 나라 조선은 수도를 한양으로 정하고, 유교를 나라의 정치 이념으로 삼았어. 태조에 이어 태종을 거치면서 조선의 정치 제도와 틀이 만들어졌지.

1. 조선은 어떻게 세워졌을까요? ( ) 안에 알맞은 내용을 〈보기〉에서 골라 쓰세요.

   〈보기〉 이성계, 고조선, 신진 사대부, 1394년, 한양, 유교

   1392년 정도전, 조준 등의 (①   ) 세력은 (②   )를 왕으로 받들며 새 나라를 세웠다. 이들은 나라 이름을 (③   )을 계승한다는 의미를 담아 조선이라 하였다. 수도는 (④   )으로 정하고, (⑤   )에 천도하였다. 조선은 (⑥   ) 사상을 바탕으로 덕으로 나라를 다스리려고 하였다.

2. 조선의 수도 한양은 어떻게 만들어졌나요? ( ) 안에 알맞은 내용을 〈보기〉에서 골라 쓰세요.

   〈보기〉 유교, 불교, 경복궁, 정도전, 근정전, 예, 사정전, 사직, 종묘

   (①   )은 (②   ) 사상을 바탕으로 한양을 설계하였다. 유교식 법도에 따라 궁궐을 중심으로 왼쪽에는 세상을 떠난 왕과 왕비의 위패를 모시고 제사를 지내는 (③   )를, 오른쪽에는 토지신과 곡식 신한테 제사를 지내는 (④   )을 지었다. 새 궁궐인 경복궁과 경복궁에 있는 건물들, 도성 둘레에 있는 사대문 이름에도 유교의 가르침을 담았다. (⑤   )이라는 이름은 왕과 백성이 태평성대를 누릴 수 있는 큰 복을 받기 바라는 뜻으로, 궁궐 안에 있는 (⑥   )은 부지런히 정치에 힘쓰라는 뜻으로, (⑦   )은 항상 올바른 정치를 펼치라는 뜻으로 지었다. 사대문과 종루 이름은 유교에서 중요하게 여기는 '인, 의, (⑧   ), 지, 신'을 넣어 지었다. 유교를 높이고 (⑨   )를 억눌렀던 조선은 도성 안에는 아예 절을 짓지 못하게 했다.

3. 이방원은 정도전을 죽이고 정권을 잡은 뒤 조선의 세 번째 왕, 태종이 되었어요. 태종이 한 일은 무엇일까요? ( ) 안에 알맞은 내용을 〈보기〉에서 골라 쓰세요.

〈보기〉 6조, 호패법, 신문고, 사병, 충녕 대군

태종은 (①   )을 없애 군사력을 모으고, (②   ) 직계제를 실시해 왕권을 강화하였다. 또한 왕권 강화에 방해가 되는 공신과 외척 세력을 없애며 나라의 기틀을 다져 나갔다. (③   )을 실시해 전국의 인구를 파악하고 세금과 요역, 군역을 제대로 매겨 나라 살림을 튼튼히 하였다. (④   )를 설치해 백성의 소리를 직접 들으려고 하였으며, 세자 양녕 대군을 폐위시키고 왕의 자질과 능력을 갖춘 (⑤   )한테 왕위를 물려주었다.

4. 태조에서 태종에 걸쳐 조선의 통치 체제가 마련되었어요. 어떻게 이루어졌을까요? ( ) 안에 알맞은 내용을 〈보기〉에서 골라 쓰세요.

〈보기〉 6조, 성균관, 향리, 의정부, 3사, 유향소, 의금부, 중인, 5위, 문과(대과), 성, 8도, 향교, 봉수 제도

중앙 정치 제도	• (①): 최고 통치 기관, 3정승 합의 체제 • (②): 의정부 하위 기관. 이조, 호조, 예조, 병조, 공조, 형조로 나뉘어 실제 업무 진행 • (③): 사간원(왕의 잘못을 바로잡음), 사헌부(관리의 비리 감시), 홍문관(왕의 정치 자문) • 기타: 승정원(왕의 비서실), (④)(반역 사건 같은 큰 죄를 다룸), 춘추관(역사 편찬), 한성부(한양의 행정과 치안 담당), 성균관(최고 교육 기관)

지방 행정 제도	• 전국을 (⑤)로 나누고 부, 목, 군, 현 설치해 지방관 파견 • 수령은 세금 징수, 농업 장려, 인구 조사, 교육 장려, 재판 및 지역 방어 등 지방 행정, 사법, 군사 담당 • 6방의 (⑥)가 지방의 실제적인 업무 담당 • (⑦)는 지방 양반들이 운영, 향회를 소집해 지방 여론을 모음, 수령 비리 고발 및 자문. 한양에는 경재소를 두어 유향소와 중앙 정부 사이에서 다리 역할
군사 제도	• 중앙군인 (⑧)는 한양과 궁궐 수비, 금군은 왕의 경호원 • 지방에서는 병마절도사와 수군절도사가 육군과 수군 지휘 • 지방의 중요한 읍에는 (⑨)을 쌓아 방어 • 외적의 침입이나 나랏일을 알리기 위해 (⑩)와 역원 제도를 둠
교육 제도	서당에서 기초적인 유학 지식과 한문 교육 → 한양에서는 4부 학당, 지방에서는 (⑪)에서 《소학》과 《가례》 등 유학 경전 교육 → 국립 최고 교육 기관은 (⑫)
관리 등용 제도	과거 제도 • (⑬): 소과의 생원시나 진사시에 합격한 사람들이 응시, 주로 양반 자제 응시 • 무과: 3년 마다 실시, 양반·향리 및 일반 백성의 자제가 주로 응시 • 잡과: 의학·법학·천문학 등, (⑭)이 주로 응시 • 음서: 2품 이상 양반 자제들이 과거를 보지 않고 관리가 되는 것

1. 조선은 다음과 같은 이유로 이곳을 수도로 정했어요. 이곳은 어디일까요?

    - 나라의 중심에 있어, 땅으로도 강으로도 전국 곳곳으로 통할 수 있다.
    - 한강이 흐르고 있어 물을 구하기 쉽고, 주변에 넓은 평야가 있어 농사짓기에 좋았다.
    - 산으로 둘러싸여 있어 외적이 쳐들어오기 힘들었다.

2. 조선은 다음과 같이 한양을 설계하고 건물 이름을 지었어요. 이를 통해 알 수 있는 조선의 정치 이념은 무엇인가요? 또 이렇게 한양을 설계한 사람은 누구인가요?

    - 궁궐 좌우에 종묘와 사직을 지었다.
    - 경복궁이라는 이름에는 왕과 백성이 태평성대를 누릴 수 있는 큰 복을 받기 바라는 뜻이, 근정전은 부지런히 정치에 힘쓰라는 뜻이, 사정전은 항상 올바른 정치를 펼치라는 뜻이 담겨 있다.
    - '인, 의, 예, 지, 신'을 넣어 사대문과 종루의 이름을 지었다.

3. 1, 2차 왕자의 난을 통해 왕이 된 태종은 다음과 같은 제도를 실시했어요. 다음 설명을 읽고 물음에 답하세요.

    태종은 의정부를 거치지 않고 6조의 업무를 직접 보고 받아 처리하였다.

    (1) 이 제도는 무엇인가요?

    (2) 태종이 이 제도를 실시한 까닭은 무엇인가요?

7

(3) 이 제도와는 달리 의정부에서 영의정, 좌의정, 우의정이 나라의 중요한 일이나 정책을 의논해 합의한 결과를 왕한테 올려 결재를 받는 제도는 무엇인가요?

4. 다음은 조선의 중앙 정치 기구에 대한 설명이에요. 다음과 같은 기구들을 합쳐서 무엇이라고 하나요? 또 이들이 한 역할은 무엇인가요?

> 사헌부에서는 관리들이 잘못하는 것이 있는지 감시하고, 사간원에서는 왕이 잘못한 것을 지적하고 바로잡도록 했다. 홍문관에서는 책을 관리하고 학문을 연구하면서 왕이 바른 정치를 할 수 있도록 도왔다.

5. 다음은 한 고을을 다스리는 조선의 지방 관리가 맡은 일이에요. 이런 일을 하는 지방관을 통틀어 무엇이라고 하나요?

> 농사와 누에치기 장려, 인구 조사, 교육 장려, 재판, 세금 걷기, 지역 지키기 등 행정, 사법, 군사에 관한 일을 모두 처리했다.

6. 다음 지방 조직에 대한 설명을 읽고, 잘못된 부분을 찾아 고쳐 쓰세요.

> 경재소는 지방 양반들이 중심이 되어 만든 지방 자치 조직이다. 여기서는 고을에서 지켜야 할 규약을 만들었고, 향회를 열어 여론을 모으기도 했다. 또 수령한테 자문도 해 주고 수령이 한 잘못을 고발하기도 했다.

정도전과 이방원은 태조 이성계를 왕으로 받들며 새 나라 조선을 세우는 데 앞장섰어요. 그런데 조선을 세운 뒤 두 사람은 나라를 다스리는 방법에 대해 서로 다른 생각을 했어요. 다음 글을 읽고, 나는 누구의 입장을 지지하는지, 그렇게 생각하는 까닭은 무엇인지 써 보세요.

> 정도전은 왕은 핏줄로 이어지기 때문에 늘 현명한 사람이 왕이 될 수는 없다고 생각했다. 그래서 왕의 부족한 점은 현명한 재상이 채워야 하고, 왕 스스로도 노력해야 한다고 했다. 왕은 어질고 현명한 신하한테 배우고, 경연이나 간쟁을 통해 신하들의 의견을 들어야 한다고 주장했다. 정도전이 재상을 중심으로 신하들이 나라를 다스리는 신권 정치를 주장한 반면, 이방원은 강력한 왕권이 중심이 되어 나라를 이끌어야 한다고 생각했다.

*주의할 점: 신권이 강할 경우의 장단점과 왕권이 강할 경우의 장단점을 비교해 보고 입장을 정해 보세요. 자기 생각을 쓸 때 역사적인 사례를 들면 더 설득력이 있습니다.

2장

나라 안팎으로 번영하다

세종은 농업과 천문학을 발달시키고 훈민정음을 만드는 등 백성을 위한 정치를 펴 나갔어. 세종 때는 사회, 문화, 과학 등 모든 분야가 발전하며 조선 최고의 전성기를 이루었지.

1. 태종의 뒤를 이은 세종은 어떻게 학문을 발달시켰을까요? (   ) 안에 알맞은 내용을 〈보기〉에서 골라 쓰세요.

   〈보기〉 갑인자, 집현전, 《향약집성방》, 《삼강행실도》, 사가독서

   세종은 (①   )을 설치하여 우수한 인재들을 뽑아 학문을 연구하게 하였다. 집현전 학사들은 유교 경전은 물론, 중국의 옛 제도와 정책들을 연구하여 나랏일을 하는 데 활용하였다. 세종은 (②   )를 실시해 집현전 학사들이 잡다한 일에서 벗어나 열심히 책을 읽으며 학문적인 역량을 기르게 했다. 집현전 학사들은 연구한 것을 바탕으로 많은 책들을 펴냈다. 세종은 백성들이 유교의 가르침에 잘 따를 수 있도록 (③   )를 펴냈다. 이 책은 부모와 자식, 임금과 신하, 남편과 아내 사이에 모범이 될 만한 이야기들에 그림을 넣어 만들었다. 세종은 전염병이나 여러 가지 질병으로 고생하는 백성들을 위해 (④   ), 《의방유취》 같은 책들도 펴냈다. 학문의 발달로 세종 때에는 (⑤   )를 비롯하여 다양한 금속 활자가 만들어졌다.

2. 세종은 농업과 천문, 과학 기술을 발달시켰어요. 어느 정도 발달했을까요? (   ) 안에 알맞은 내용을 〈보기〉에서 골라 쓰세요.

   〈보기〉 자격루, 측우기, 정초, 장영실, 《농사직설》, 《칠정산 내편》

   세종은 (①   )한테 우리 땅과 기후에 맞는 책을 만들게 했다. 농사를 잘 짓는 농민들한테 이야기를 듣고, 이를 바탕으로 지역별로 농사짓는 방법을 정리한 책이

(②　　　　)이다. 이 책에 따라 농사를 지으면서 더 많은 곡식을 거둘 수 있게 되었다. 세종은 농사와 밀접한 관련이 있는 천문학과 과학 기술을 발달시켰다. (③　　　　)이 해시계인 앙부일구, 물시계인 (④　　　　), 천체 관측기구인 혼천의와 간의를 만들면서 시각은 물론 절기와 계절을 정확히 알 수 있게 되었다. 또한 세종 때는 비의 양을 잴 수 있는 (⑤　　　　)도 만들어졌다. 이러한 과학 기술의 발달은 백성들의 일상생활과 농사에 많은 도움이 되었다. 또한 원나라 역법을 참고해 조선에 맞는 천문 책인 (⑥　　　　)을 펴냈다.

3. 세종이 만든 훈민정음은 어떻게 퍼졌을까요? (　) 안에 알맞은 내용을 〈보기〉에서 골라 쓰세요.

〈보기〉 1443년, 1446년, 《용비어천가》, 최만리

훈민정음은 자음 17자, 모음 11자, 모두 28자로 (①　　　　)에 만들어져 (②　　　　)에 반포되었다. (③　　　　)를 비롯한 대부분의 양반들은 훈민정음 반포를 반대하였다. 그래서 처음에는 양반들은 거의 사용하지 않고 주로 일반 백성과 부녀자들이 사용하였다. 세종은 훈민정음을 퍼뜨리기 위해 많은 책들을 펴냈다. 이씨 왕조의 선조들을 찬양하는 노래인 (④　　　　)를 펴냈고, 한문으로 쓰인 《삼강행실도》에 훈민정음으로 해설을 달아 펴내기도 했다.

4. 조선의 대외 관계는 어땠을까요? ( ) 안에 알맞은 내용을 〈보기〉에서 골라 쓰세요.

〈보기〉 김종서, 이종무, 최윤덕, 명나라, 여진

조선의 기본적인 외교 정책은 사대교린이었다. 사대는 큰 나라인 (①)를 섬긴다는 뜻이고, 교린은 (②)이나 일본 같은 나라들과는 교역하며 사이좋게 지내겠다는 뜻이다. 조선은 명나라 연호를 쓰고, 조공을 바치고, 사신을 파견하였다. 여진이나 일본에 대해서는 교린 정책을 펴면서도, 이들 나라가 약탈을 일삼을 때는 군사들을 동원해 몰아냈다. 태종은 왜구들이 조선 해안가로 쳐들어와 백성을 괴롭히고 약탈해 가자 (③)를 보내 쓰시마 섬을 정벌하였다. 세종은 (④)을 압록강 방면에 보내 4군을 설치하고, (⑤)를 두만강 방면에 보내 6진을 설치해 조선의 북쪽 국경을 확정지었다.

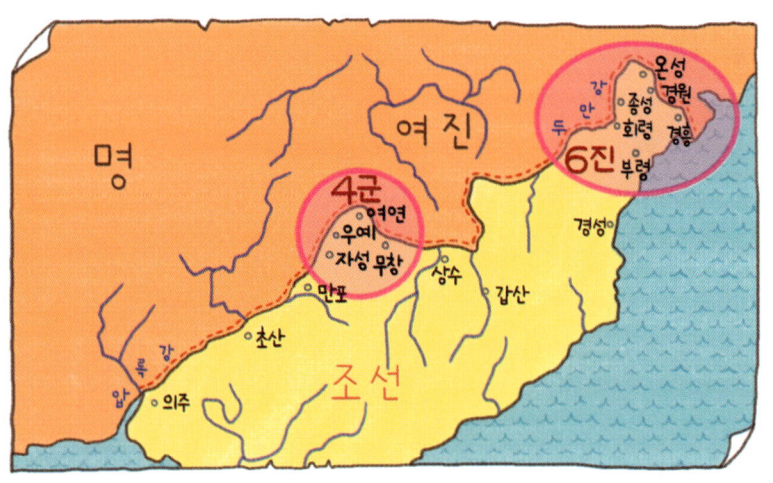

4군과 6진

1. 다음과 같은 업적을 남긴 조선의 왕은 누구인가요?

   - 젊고 능력 있는 인재들을 집현전 학사로 뽑아 학문을 연구하고 많은 책들을 펴냈다.
   - 금속 활자인 갑인자를 만들었다.
   - 우리 땅과 기후에 맞는 농사법을 정리한 《농사직설》을 펴냈다.
   - 장영실을 등용하여 과학 기술을 발전시켰다.
   - 훈민정음을 만들었다.
   - 압록강 방면에 4군을, 두만강 방면에 6진을 설치하였다.

2. 조선은 세종 대를 중심으로 학문이 발달하면서 많은 책을 펴냈어요.
다음 책들은 조선을 다스리는 데 어떤 도움을 주었을까요?

   (1) 《고려사》, 《동국통감》 →

   (2) 《팔도지리지》, 《동국여지승람》 →

   (3) 《효행록》, 《국조오례의》, 《삼강행실도》 →

   (4) 《농사직설》 →

3. 앙부일구와 자격루의 공통점과 차이점은 무엇인가요?

4. 다음 글에서 설명하고 있는 과학 기구는 무엇인가요?

- 서양보다 200여 년 앞서 발명되었다.
- 구리 그릇에 고인 빗물을 자로 재어 비의 양을 알 수 있었다.
- 농사짓는 데 도움이 되었다.

5. 훈민정음을 만든 까닭은 무엇일까요? 다음 글을 읽고, 3가지를 써 보세요.

- 훈민정음이란 '백성을 가르치는 바른 소리'란 뜻이다.
- 훈민정음 서문에 '나랏말이 중국과 달라 한자와 서로 통하지 않으므로, 이 때문에 어리석은 백성이 말하고자 하는 것이 있어도 자신의 뜻을 제대로 펴지 못하는 사람들이 많다. 내가 이를 딱하게 여겨 새로 스물여덟 글자를 만드니, 사람마다 쉽게 익혀 날마다 쓰기에 편하게 하고자 할 따름이니라.'라고 쓰여 있다.

6. 세종이 4군 6진을 설치한 것은 역사적으로 무슨 의미가 있나요?

집현전 부제학이었던 최만리는 세종의 훈민정음 반포를 반대하며 다음과 같은 상소문을 올렸어요. 상소문에는 최만리가 훈민정음 반포를 반대하는 이유 3가지가 나와 있어요. 이에 대한 반박문을 써 보세요.

상소문

최만리

전하께 감히 말씀 올립니다.
이번에 전하께서 훈민정음을 만들어 백성들에게 널리 사용하게 하신 일은 다음 몇 가지 이유에서 다시 생각해 보셔야 한다고 생각합니다.
첫째, 우리 조선은 예로부터 중국의 예법과 제도를 본받아 왔고 이미 한문을 널리 쓰고 있는데, 갑자기 새 글자를 만들어 백성들에게 사용하게 하심은 학문과 정치에도 유익하지 않습니다.
둘째, 훈민정음이 비록 일반 백성들에게 유익할지 모르나 이는 한낱 기예에 불과합니다. 한자를 중심으로 학업에 정진하고 정신을 수련해야 할 왕자들과 학생들이 시간을 허비해 가며 몰두한다면 이는 국가적 손실이라 생각됩니다.
셋째, 중국의 여러 지역이 기후와 지리가 다르다 하여도 따로 글자를 만들어 사용하는 일이 없었고, 오직 일본, 몽골과 같은 무리들만이 각각 제 글자를 가지고 있으나, 이는 오랑캐들만의 일입니다. 그런데 우리가 문자를 새롭게 만들어 쓴다면 이는 중국을 버리고 오랑캐와 같아지는 것입니다.

*주의할 점: 반박문은 어떤 의견이나 주장에 대해 반대하여 쓴 글입니다. 최만리가 훈민정음 반포를 반대한 이유 3가지가 마땅하지 않다는 것을 조목조목 설득력 있게 써 보세요.

3장
사림이 성장하고 유교 질서가 잡히다

단종을 몰아내고 왕이 된 세조는 왕권을 강화하고, 성종은 훈구파와 사림파를 고르게 뽑아 나라를 다스렸어. 폭군이었던 연산군은 쫓겨나고, 중종 때 조광조가 개혁 정치를 폈으나 실패하고 말았지.

1. 세종의 셋째 아들 수양 대군은 어떻게 왕이 되었을까요? (   ) 안에 알맞은 내용을 〈보기〉에서 골라 쓰세요.

   〈보기〉 훈구파, 한명회, 김종서, 사육신

   1453년, 수양 대군은 (①   ), 권람, 신숙주 등과 함께 단종을 모시던 (②   ), 황보인 등을 죽이고 정권을 잡았다. 수양 대군은 1455년, 아예 단종을 상왕으로 몰아내고 왕이 되었다. 세조는 단종 복위 운동을 일으킨 (③   )과 금성 대군에 이어 단종까지 죽이면서 왕권을 다졌다. 세조가 왕이 되고 왕권을 다지는 데 공을 세운 한명회, 신숙주 등은 권력을 독차지하고 많은 재물을 쌓으면서 (④   )로 자리 잡았다.

2. 사림은 언제, 어떻게 중앙 정치 무대에 나왔을까요? (   ) 안에 알맞은 내용을 〈보기〉에서 골라 쓰세요.

   〈보기〉 사림, 훈구파, 3사, 김종직, 성종, 길재

   (①   )은 조선 건국에 반대해 지방에 내려가 학문을 연구하고 제자들을 기르는 데 힘썼던 (②   )의 학풍을 이어받은 유학자들이다. 이들은 15세기 말 (③   )이 합리적이고 온건한 유교 정치를 펼치면서 중앙 정치 무대에 나왔다. 성종은 (④   )과 그 제자들을 관리로 뽑아 (⑤   )의 언론 기관에 배치하였다. 이들은 사림파로 세력을 이루어 (⑥   )의 잘못을 비판하였다.

3. 성종은 사림파와 훈구파를 적절히 등용해 나라를 잘 다스렸어요. 그런데 성종이 죽은 뒤 사림파를 못마땅하게 여긴 훈구파가 사화를 일으켜 사림들을 몰아냈어요. 사림들이 화를 입은 사화에는 어떤 것들이 있을까요? (   ) 안에 알맞은 내용을 〈보기〉에서 골라 쓰세요.

〈보기〉 연산군, 중종, 조광조, 무오사화, 을사사화

(1) 1498년, 연산군 때 일어난 사화로, 김종직이 '조의제문'을 써서 세조를 비판했다는 것을 구실로 훈구파가 사림파를 공격한 사건 → (①   )

(2) 1504년, (②   )을 낳은 윤 씨 폐위와 관련된 사림과 일부 훈구 세력이 화를 입은 사건 → 갑자사화

(3) 1519년, (③   )때 훈구파가 위훈삭제 등으로 위기에 몰리자, (④   )를 비롯한 사림들한테 반역죄를 씌워 몰아낸 사건 → 기묘사화

(4) 1545년, 명종 때 외척들이 대립해 일어난 사화로 윤원형 세력이 윤임 세력을 없앤 사건 → (⑤   )

4. 사림은 사화를 네 번이나 겪으면서도 완전히 몰락하지 않았어요. 어떻게 그 세력을 유지할 수 있었을까요? ( ) 안에 알맞은 내용을 〈보기〉에서 골라 쓰세요.

〈보기〉 유향소, 중소 지주, 향약, 이황, 《소학》, 선조, 서원, 붕당, 백운동 서원, 향촌

사림은 지방의 (①   )로 농업이 발달하면서 경제적으로 여유로웠다. 사화를 겪으면서 살아남은 사림들은 (②   )에 살면서 경제력을 바탕으로 학문을 연구하고 제자들을 기르는 데 힘썼다. 성리학을 공부한 사림들은 (③   )를 운영하며, 수령의 잘못을 지적하거나 수령을 도와주기도 했다.
또한 (④   )을 보급하여 백성들의 생활을 안정시키고 유교적인 사회 질서가 자리 잡도록 했다. 사림이 성리학을 바탕으로 한 유교 사회를 만들기 위해 주로 사용한 교재는 (⑤   )이었다. 사림은 (⑥   )을 세워 지방 양반의 자제를 가르치고 덕망 높은 유학자를 기렸다. 우리나라에서 처음으로 세워진 서원은 주세붕의 (⑦   )으로, 사액 서원이 되면서 이름이 소수 서원으로 바뀌었다.
사액 서원은 나라에서 땅과 노비, 책을 받고 세금도 면제되었다. 사림은 향촌에서 서원과 향약을 바탕으로 꾸준히 성장하였고, 성리학을 크게 발달시켰다.
대표적인 성리학자로는 (⑧   ), 이이, 조식, 서경덕 등을 들 수 있다.
(⑨   )가 사림을 등용하면서 사림이 정치의 주도권을 잡았으며, 같은 학풍, 같은 뜻을 가진 사림들이 모여 (⑩   )을 만들었다.

5. 조선은 유교 사회이지요. 유교적인 사회 질서가 어떻게 세워졌을까요?
( ) 안에 알맞은 내용을 〈보기〉에서 골라 쓰세요.

〈보기〉 중인, 농업, 상업, 유학, 양인

조선은 왕부터 왕실 어른들을 공경하는 등 유교의 가르침을 따르며 모범을 보였다.
서당, 향교, 서원, 성균관 같은 교육 기관에서는 주로 (①   )을 가르쳤고,
유학을 깊이 공부한 사람을 관리로 뽑았다. 이들이 나라를 다스리고 백성들을
가르치면서 유교적인 사회 질서를 세워 나갔다. 조선은 유교적인 신분 사회로
신분은 (②   )과 천인으로 크게 나뉘었다. 양인은 다시 양반, (③   ),
상민으로 나뉘어져 각 신분이 하는 일을 철저히 구분하였다. 또한 유교 사상을 바탕으로
(④   )을 중시하고 (⑤   ) 활동은 천시했다. 나라에서는 관례, 혼례, 상례,
제례 같은 행사를 유교적인 예법에 따라 치르게 했다.

1. 조선 전기의 정치 세력은 크게 훈구파와 사림파로 나눌 수 있어요.
다음은 무슨 세력일까요?

   (1) 조선을 세울 때나 세조가 정권을 잡을 때 큰 공을 세워 많은 땅과 노비를 받고, 막강한 권력을 휘두르며 재물을 쌓았다.

   (2) 조선 건국에 반대해 지방에 내려간 온건 신진 사대부들이 길러 낸 제자들로, 정몽주와 길재의 학풍을 이어받았고, 성종 때 조정에 나와 3사의 언관직을 차지하고 도덕 정치를 주장하였다.

2. 다음 글이 가리키는 사람은 누구인가요?

> 중종 때 등용되어 유교적인 도덕 정치를 펼치고 이상적인 유교 사회를 만들기 위해 개혁 정치를 실시하였다. 부정과 비리를 저지른 훈구파를 비판하고, 소격서를 없애고, 향약을 실시했으며, 현량과를 통해 인재를 뽑았다. 위훈삭제를 단행해 중종반정 때 공을 세우지 않은 사람들을 공신에서 뺐다. 이를 계기로 훈구파가 '주초위왕' 사건을 일으켰고, 이로 인해 귀양 갔다가 사약을 받고 죽었다.

3. 다음은 성종 때부터 선조 때까지 있었던 일이에요. 잘못된 내용을 찾아 바르게 고치세요.

- 사림이 3사의 관리가 되어 훈구 세력의 잘못을 비판하였다.
- 김종직이 쓴 '조의제문'이 문제가 되어 무오사화가 일어났다.
- 중종반정이 일어나 연산군이 쫓겨났다.
- 조광조의 개혁 정치가 실패하였다.
- 윤원형 세력이 윤임 세력을 몰아내고 정권을 잡으면서 나라는 더욱 혼란스러워졌다.
- 네 번에 걸친 사화로 사림 세력이 완전히 없어졌다.

4. 조선의 신분은 양인과 천인으로 나뉘었지만, 점점 4개의 신분으로 나누어져 뚜렷이 구별되었어요. 다음 설명에 해당하는 신분은 무엇인가요?

(1) 양반을 도와 관청에서 일하는 사람, 의학, 법률, 통역 관련 일을 하는 사람
(2) 노비 등 가장 신분이 낮은 사람

5. 김효원과 심의겸은 이 자리를 두고 다투었어요. 이를 계기로 사림 세력은 동인과 서인으로 갈라져 붕당을 만들었지요. 이런 갈등을 불러일으킨 이 관직은 무엇인가요?

- 3사의 관리에 대한 인사권을 지녀 조정의 주도권을 잡는 데 큰 영향을 주었다.
- 자기 후임자를 추천할 권리가 있었다.

연산군을 쫓아내고 왕이 된 중종은 조광조를 뽑아 개혁 정치를 폈어요. 그런데 조광조는 죽임을 당하고 개혁 정치는 실패했어요. 중종과 조광조의 개혁 정치가 실패한 까닭은 무엇일까요? 자기 생각을 자유롭게 써 보세요.

*주의할 점: 개혁 정치가 실패한 까닭은 여러 가지 면으로 생각해 볼 수 있습니다. 중종을 비판할 수도, 조광조를 비판할 수도, 아니면 당시 훈구파의 한계를 들 수도 있습니다. 그렇게 생각하는 이유를 자세히 쓰면 됩니다.

4장
일본과 청나라의 침입을 이겨 내다

임진왜란이 일어나 7년간의 전쟁으로 조선은 많은 피해를 입었어. 이어 후금(청나라)이 쳐들어와 정묘호란과 병자호란이 일어났고, 조선은 굴욕적인 항복을 하는 등 큰 상처를 입었지.

1. 16세기 말, 조선을 비롯한 중국, 일본의 정세는 어땠을까요? ( ) 안에 알맞은 내용을 <보기>에서 골라 쓰세요.

   <보기> 도요토미 히데요시, 여진족, 붕당

   조선은 동인, 서인 등으로 나뉘어 (①   ) 정치가 시작되고, 200여 년간 큰 전쟁 없이 지내면서 군사력이 약해졌다. 중국은 (②   )이 다시 일어나 세력을 키우고 있었고, 일본은 (③   )가 전국 시대를 끝내고 통일하였다.

2. 조선은 일본이 쳐들어와 7년에 걸친 전쟁을 치러야 했어요. 전쟁은 어떻게 진행되었을까요? ( ) 안에 알맞은 내용을 <보기>에서 골라 쓰세요.

   <보기> 1592년, 1597년, 이순신, 권율, 진주, 노량

   (①   ) 4월 임진왜란 발발, 왜군이 부산진, 동래성, 충주 등 함락, 선조 피난 → 5~7월 (②   )이 옥포, 사천, 당항포, 한산도 등에서 승리 → 10월, 김시민 (③   ) 대첩 승리 → 1593년 1월, 조·명 연합군 평양성 탈환 → 2월, (④   ) 행주 대첩 승리 → 1593년부터 1596년, 평화 협상 → (⑤   ), 정유재란 → 9월, 이순신 명량 대첩 승리 → 1598년, 도요토미 히데요시 사망, 왜군 철수, 이순신 (⑥   ) 해전에서 전사

3. 7년간의 전쟁이 세 나라에 끼친 영향은 무엇일까요? (   ) 안에
알맞은 내용을 <보기>에서 골라 쓰세요.

<보기> 인구, 문화재, 국토, 여진족, 명나라, 도쿠가와 이에야스, 일본, 노비, 신분제

조선은 전 (①   )가 황폐화되고, (②   )가 줄었으며 수많은
사람이 일본에 포로로 잡혀갔다. 전쟁 중에 (③   ) 문서가 불타고,
납속책을 실시하면서 (④   )가 흔들렸다. 경복궁, 불국사, 사고 등이
불에 타고 활자, 도자기, 책 등을 빼앗겨 수많은 (⑤   )를 잃었다.
(⑥   )는 조선에 구원병을 파견하여 국력이 약해지면서
(⑦   )한테 멸망당하였다. (⑧   )은 도요토미 히데요시가 죽고
(⑨   )가 정권을 잡았으며, 조선의 문화재를 빼앗아 가고 인쇄공, 도자기공,
성리학자 등을 잡아가 문화적으로 발달하였다.

4. 선조의 뒤를 이은 광해군은 전쟁 뒤처리를 하고 나라를 안정시켰어요.
광해군이 한 일은 무엇일까요? (   ) 안에 알맞은 내용을 <보기>에서 골라 쓰세요.

<보기> 광해군, 중립 외교, 《동의보감》

(①   )은 토지 대장과 호적을 정리해 나라의 수입을 늘렸다. 전쟁으로 무너진
궁궐을 다시 짓고, 성곽과 무기를 수리하고 군사를 훈련시키는 등 국방을 튼튼히 하였다.
《동국신속삼강행실도》를 펴내 유교적 사회 질서를 바로잡고, 허준의 (②   )을
펴내 일반 백성들도 질병에 대처할 수 있게 했다. 또한 명나라와 후금 사이에서
(③   )를 실시하여 나라의 평화를 지켰다.

5. 인조가 광해군을 몰아내고 왕이 된 뒤 무슨 일이 있었을까요? ( ) 안에 알맞은 내용을 〈보기〉에서 골라 쓰세요.

〈보기〉 정묘호란, 병자호란, 명나라, 후금, 군신 관계, 삼전도

인조와 서인은 (①   )를 가까이 하고 (②   )을 배척하였다. 이에 1627년 (③   )이 일어나 후금이 황해도까지 쳐들어왔다. 그 결과 조선은 후금과 형제의 관계를 맺었다. 1636년에 나라 이름을 청으로 바꾼 후금이 다시 쳐들어와 (④   )이 일어났다. 인조는 남한산성에 피신해 싸웠으나, (⑤   )에서 굴욕적인 항복을 하고 후금과 (⑥   )를 맺었다. 조선은 청나라에 소현 세자, 봉림 대군, 대신의 자제들을 인질로 보내야 했고, 많은 공물을 바쳐야 했다.

6. 인조의 뒤를 이은 효종은 청나라를 어떻게 대했을까요? ( ) 안에 알맞은 내용을 〈보기〉에서 골라 쓰세요.

〈보기〉 북벌 정책, 나선 정벌, 이완

효종은 청나라에 원수를 갚아야 한다는 (①   )을 폈다. 반청 척화파인 송시열과 (②   )을 등용하고, 남한산성과 북한산성 보수, 무기 개발, 군사 양성 등 청나라를 칠 준비를 하였다. 그러나 청나라가 더 강해지면서 청나라를 치지 못했고, 오히려 청나라가 러시아를 치는 (③   )에 두 차례나 지원병을 보내야 했다. 그 뒤 조선은 북벌을 접고 청나라와 교류하였다.

1. 다음 지도를 보고 물음에 대한 답을 쓰세요.

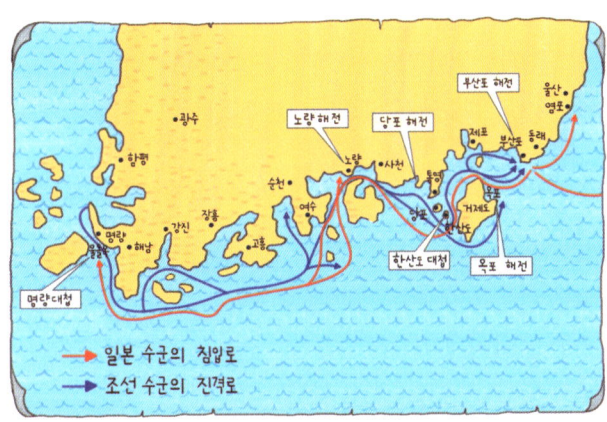

(1) 지도에서 보이는 해전을 지휘한 조선의 장군은 누구인가요?

(2) 조선이 해전에서 승리하여 바다를 지킴으로써 갖는 의의는 무엇일까요?

2. 다음 내용이 가리키는 것은 무엇인가요?

- 전국 각지에서 조직되어 그 지역에 알맞은 전술과 전략으로 왜군에 큰 피해를 주었다.
- 대표적인 사람은 곽재우, 조헌, 고경명, 정문부, 유정 등이다.

3. 다음 내용과 관련 있는 역사적인 사건은 무엇인가요?

- 조선은 농사지을 땅과 인구가 크게 줄어들고, 문화재가 소실되었으며 신분제가 흔들렸다.
- 명나라가 약해지고 여진족이 성장하였다.
- 일본은 정권이 바뀌고 문화적으로 발달하였다.

4. 다음과 같은 상황에서 광해군이 취한 외교 정책은 무엇인가요?

> 여진족이 후금을 세우고 명나라를 위협하자 명나라는 조선에 지원병을 요청하였다. 조선은 임진왜란 때 조선을 도운 명나라의 요구를 거절할 수도 없었고, 그렇다고 점점 더 강해지고 있는 청나라를 적대시할 수도 없었다.

5. 다음 내용에서 말하는 사건은 무엇인가요?

> 1623년, 서인은 광해군의 중립 외교 정책을 비판하고, 광해군 세력이 영창 대군을 없애고 인목 대비를 서궁에 가둔 것 등을 문제 삼아 광해군을 몰아내고 인조를 새 왕으로 세웠다.

6. 인조 때는 정묘호란, 병자호란이 일어났어요. 청나라가 두 번이나 조선에 쳐들어온 까닭은 무엇인가요?

7. 효종이 두 차례의 호란을 겪으면서 청나라에 대한 복수를 다짐하며 준비했지만 실현하지 못한 정책은 무엇인가요?

광해군은 명나라와 후금 사이에서 나라의 안정을 위해 중립 외교 정책을 폈어요.
반면에 인조는 명나라와의 의리를 앞세우며 친명배금 정책을 실시했지요.
내가 당시 왕이었다면 어떤 정책을 펼쳤을까요? 자기 생각을 자유롭게 써 보세요.

*주의할 점: 당시 상황을 잘 파악하고, 무슨 정책을 펼칠지, 왜 그런 정책을 세웠는지 자세히 쓰세요.
광해군의 정책을 지지하는 글을 써도, 인조의 정책을 지지하는 글을 써도 좋습니다.

정답

1장
새 나라 조선, 나라의 기틀을 다지다

역사적 사실을 정리해 보자!

1. ①신진 사대부 ②이성계 ③고조선 ④한양 ⑤1394년 ⑥유교
2. ①정도전 ②유교 ③종묘 ④사직 ⑤경복궁 ⑥근정전 ⑦사정전 ⑧예 ⑨불교
3. ①사병 ②6조 ③호패법 ④신문고 ⑤충녕 대군
4. ①의정부 ②6조 ③3사 ④의금부 ⑤8도 ⑥향리 ⑦유향소 ⑧5위 ⑨성 ⑩봉수 제도 ⑪향교 ⑫성균관 ⑬문과(대과) ⑭중인

역사를 깊이 보고 이해하자!

1. 한양
2. 유교 사상, 정도전
3. (1)6조 직계제 (2)왕권을 강화하기 위해서 (3)의정부 서사제
4. 3사 / (3사는 왕이 나라를 올바르게 다스리도록 감시도 하고 충고도 하는 언론 기관으로) 왕권을 견제하였다.
5. 수령(사또)
6. 경재소 → 유향소

역사 지식을 바탕으로 논술 실력을 기르자!

예시1: 정도전의 주장처럼 재상을 중심으로 나라를 다스려야 한다고 생각한다. 조선 같은 신분제 사회에서는 왕으로서의 자질이나 능력이 없어도 왕의 맏아들로 태어났으면 왕이 된다. 왕이 못났는데 왕권만 세면 나라는 엉망이 되고 백성들은 살기 어려워진다. 대표적인 예가 연산군이다. 폭군 연산군은 경연을 폐지하고 바른말 하는 신하들을 없애 왕권을 강화하였다. 그러고는 강력한 왕권을 이용해 수많은 사람을 죽이고 세금을 멋대로 거두는가 하면, 백성들을 쫓아내고 마을을 사냥터로 만들었다. 심지어 훈민정음으로 왕을 비난한다고 훈민정음으로 된 책들을 불사르고 훈민정음을 쓰지 못하게 했다. 관리들은 왕의 눈치만 봐야 했고 백성들의 생활은 더욱 쪼들렸다. 현명하고 어진 신하가 재상이 되어 나라를 이끄는 체제였다면 연산군이 그처럼 난폭하게 나라를 다스리지는 못했을 것이다. 이처럼 왕이라는 한 사람한테 권력이 집중된다면 독재 정치를 하기 쉽다. 왕과 신하들이 권력을 나누어 가질 때, 신하들이 왕한테 바른 소리를 하며 잘못된 부분을 고쳐 나갈 때, 나라는 더욱 안정될 것이다.

예시2: 이방원의 입장을 지지한다. 강한 왕이 강한 나라를 만들 수 있다. 왕은 어렸을 때부터 세자 교육을 받으며 왕으로서의 자질과 능력을 기른다. 조금 못난 왕이라도 교육을 제대로 받으면 충분히 좋은 왕이 될 수 있다. 왕이 갈고닦은 능력을 바탕으로 강력한 리더십을 발휘하며 나라를 이끌어 갈 때 큰 나라를 만들 수 있다. 광개토 대왕처럼 말이다. 왕권이 약해 신하들의 눈치를 본다면 나라는 중심을 잃고 흔들리기 쉽다. 연산군이 쫓겨난 뒤 왕이 된 중종은 처음에는 공신들의 눈치를 보고, 나중에는 조광조한테 눌려 눈치만 보다 결국 개혁 정치를 제대로 펼쳐 보지도 못하고 접지 않았는가. 왕이 강력한 왕권을 바탕으로 곳곳에서 적절한 인재들을 관리로 뽑아 쓸 때 나라는 더욱 발전할 것이다.

2장
나라 안팎으로 번영하다

역사적 사실을 정리해 보자!

1. ①집현전 ②사가독서 ③《삼강행실도》 ④《향약집성방》 ⑤갑인자

2. ①정초 ②《농사직설》③장영실 ④자격루 ⑤측우기 ⑥《칠정산 내편》
3. ①1443년 ②1446년 ③최만리 ④《용비어천가》
4. ①명나라 ②여진 ③이종무 ④최윤덕 ⑤김종서

역사를 깊이 보고 이해하자!
1. 세종
2. (1)조선 건국의 정당성 확보
(2)나라를 다스리는 데 필요한 전국의 지리 정보를 알려 줌
(3)유교적 사회 질서 확립
(4)농업 발달
3. 둘 다 시계인데, 앙부일구는 해시계이고, 자격루는 물시계이다.
4. 측우기
5. 백성들한테 나라에서 하는 일을 가르쳐 잘 따를 수 있게 하기 위해 / 우리말을 한자로 표현하는 불편을 없애기 위해 / 백성들이 쉽게 읽고 쓸 수 있게 하기 위해
6. 영토가 넓어지고 북쪽의 국경선이 확정되었다.

역사 지식을 바탕으로 논술 실력을 기르자!
예시: 최만리가 훈민정음 반포를 반대하는 이유는 모두 설득력이 없습니다. 왜냐하면,
첫째, 백성들이 새 글자를 쓰면 학문과 정치에 도움이 되지 않는다고 했는데, 오히려 학문과 정치는 더 발전할 것입니다. 한자는 배우기 어려워 양반들만 이용하고 있습니다. 일반 백성은 아무리 똑똑해도 공부할 시간이 없어 한자를 배우기 어렵고 학문을 연구하거나 나랏일을 하기는 더더욱 어렵습니다. 적은 수의 양반이 학문이나 정치를 독차지하고 있으니 발전하는 데 한계가 있습니다. 많은 백성이 글을 읽고 쓸 수 있게 되면 학문을 연구할 수 있게 되고 나랏일에도 깊은 관심을 갖고 간섭할 수 있게 될 것입니다. 그러면 학문과 정치는 자연스럽게 더 발전할 것입니다.

둘째, 한자 공부는 국가에 도움이 되고 훈민정음은 그렇지 못하다고 했는데, 이 또한 말이 되지 않습니다. 한자로 우리말을 표현하기 힘드니, 우리 뜻을 한자로 나타내려면 번거롭고 시간과 노력이 많이 듭니다. 한자를 배우고 활용하는 데 시간과 노력이 많이 드니 국가적으로 오히려 손해를 끼칩니다. 우리말과 생각을 쉬운 우리글로 표현하게 되면 시간과 노력이 적게 드니, 국가에 이익이 될 것입니다. 어려운 한자를 배우고 익히는 데 드는 시간과 노력을 다른 데 쓸 수 있으니 말입니다.

셋째, 제 나라가 제 글자를 갖는 것이 어떻게 오랑캐가 되는 것입니까? 이는 오로지 중국 입장에서 보는 것입니다. 조선은 엄연히 독립된 나라이고 독립된 나라로서 자기 나라 글자를 갖는 것은 당연하고 자랑스러운 일입니다.

3장
사림이 성장하고
유교 질서가 잡히다

역사적 사실을 정리해 보자!
1. ①한명회 ②김종서 ③사육신 ④훈구파
2. ①사림 ②길재 ③성종 ④김종직 ⑤3사 ⑥훈구파
3. ①무오사화 ②연산군 ③중종 ④조광조 ⑤을사사화
4. ①중소 지주 ②향촌 ③유향소 ④향약 ⑤《소학》⑥서원 ⑦백운동 서원 ⑧이황 ⑨선조 ⑩붕당
5. ①유학 ②양인 ③중인 ④농업 ⑤상업

역사를 깊이 보고 이해하자!
1. (1)훈구파 (2)사림파
2. 조광조
3. 네 번에 걸친 사화로 사림 세력이 완전히 없어졌다. → 사림은 네 번의 사화를 당했지만 그 세력을 유지하였다.
4. (1)중인 (2)천인
5. 이조 전랑

역사 지식을 바탕으로 논술 실력을 기르자!
예시: 중종이 조광조와 훈구파 둘 다를 누르고 이용할 수 있는 능력과 지혜가 없었기 때문이다. 성종처럼 두 세력을 적절히 조정하며 개혁 정치를 펼쳤다면 그렇게 허무하게 실패하지는 않았을 것이다. 조광조도 문제가 있다. 중종이라는 믿는 도끼에 발등이 찍히기는 했지만, 너무 과격하고 한 번에 모든 문제를 해결하려는 성급함이 문제였다. 소격서 폐지나 위훈삭제 같은 것은 많은 사람들의 반발을 불러왔다. 오랫동안 지켜 오던 것을 갑자기 없애면 그만큼 부작용이 따른다. 시간을 갖고 천천히 했더라면 죽임까지 당하지는 않았을 것이다. 개혁 정치가 실패한 가장 큰 원인은 훈구 세력에 있다. 훈구파는 자신들의 특권을 지키기 위해 바르게 살며 바른 정치를 펼치려는 조광조를 죽음으로 몰고 갔다. 이 때문에 개혁 정치는 실패하였고, 역사를 후퇴시켰다.

4장
일본과 청나라의
침입을 이겨 내다

역사적 사실을 정리해 보자!
1. ①붕당 ②여진족 ③도요토미 히데요시
2. ①1592년 ②이순신 ③진주 ④권율 ⑤1597년 ⑥노량
3. ①국토 ②인구 ③노비 ④신분제 ⑤문화재 ⑥명나라 ⑦여진족 ⑧일본 ⑨도쿠가와 이에야스
4. ①광해군 ②《동의보감》③중립 외교
5. ①명나라 ②후금 ③정묘호란 ④병자호란 ⑤삼전도 ⑥군신 관계
6. ①북벌 정책 ②이완 ③나선 정벌

역사를 깊이 보고 이해하자!
1. (1)이순신 (2)왜군이 식량이나 무기, 군사를 보낼 수 없게 되었고, 곡식이 많이 나는 전라도를 지킬 수 있었다.
2. 의병
3. 임진왜란
4. 중립 외교
5. 인조반정
6. 인조가 명나라와 친하게 지내고 청나라를 배척하는 친명배금 정책을 실시했기 때문에
7. 북벌 정책

역사 지식을 바탕으로 논술 실력을 기르자!
예시: 나는 중립 외교를 펼치면서 힘을 길러 청나라와 싸울 것이다. 광해군처럼 명나라와의 의리를 생각해서 구원병을 보내고 청나라에는 싸울 뜻이 없다는 것을 알려 당분간 좋은 관계를 유지할 것이다. 명나라, 청나라와 되도록 잘 지내며 시간을 벌고, 그사이 군사력을 키울 것이다. 청나라가 명나라를 몰아내고 중국을 지배하려고 할 즈음 청나라를 칠 것이다. 청나라가 새 나라의 틀을 잡고 더 강해지면 치기 어려울 테니, 새 나라를 세우고 어수선할 때 청나라를 쳐 조선도 만만치 않은 나라라는 것을 알려 줘야 한다. 그냥 청나라의 비위를 맞추다간 청나라가 반드시 조선을 얕잡아 보고 무리한 요구를 할 게 뻔하다. 때문에 청나라를 쳐서 작은 고추가 맵다는 것을 보여 줄 필요가 있다.